APRÈS

L'ADRESSE

PAR

PH. DE MONTENON

PARIS

LAGNY FRÈRES, LIBRAIRES-ÉDITEURS

12, RUE CASSETTE

1861

Tous droits réservés

APRÈS L'ADRESSE

Une mémorable discussion est achevée ; on lui avait assigné un cercle immense, puisqu'il n'était autre que l'ensemble et les détails de la politique tant intérieure qu'extérieure de la France, et, vraiment, il semblait qu'en touchant à des intérêts si multiples, les esprits dussent nécessairement se diviser sur le choix du point grave où porter leur plus vive sollicitude.

Illusion ! ce point ressortait si bien de lui-même, le fond de la nature française est providentiellement déterminé de telle sorte, qu'à l'envi les uns des autres les hommes de toutes nuances ont concentré leur action dans les débats de l'Adresse sur la question romaine. Grande leçon, dont nous voudrions nous appliquer à tirer en bien peu de mots les principales conséquences.

La France est profondément catholique, voici la première.

Ouvrez le *Moniteur* et voyez plutôt.... Le pouvoir entend se poser en défenseur et en conseiller dévoué de la Papauté, c'est à ce titre qu'il demande et obtient des votes de confiance, tandis que chacun sait quelles minorités imposantes aspirent à lui voir adopter une politique bien autrement décidée en faveur du Souverain-Pontife, et ne veulent ratifier aucune expression pouvant entraîner l'idée du blâme ou du reproche à l'égard de leur vénéré père. Quelques adversaires, au contraire, de la Souveraineté temporelle de l'auguste successeur de saint Pierre dressent-ils hardiment leur drapeau, ils restent dans un isolement absolu, unique peut-être dans les fastes parlementaires. Voulez-vous quitter les régions des Corps délibérants pour pénétrer au foyer des familles ? Vous emporterez, soyez-en sûr, de ce pèlerinage instructif, une impression qui donnera plus de force encore à notre affirmation première.

Quelle est la reine, quelle est la souveraine de l'intérieur et du foyer ? Chacun l'a nommée avant nous : la MÈRE ! Qui osera dire que l'admirable phalange des mères françaises n'appartient pas, cœur et âme, à Dieu et à son Église ? — A ces forts tenants de la Foi, la direction de nos sentiments, dès que nous commençons à balbutier et à comprendre, et même, en pleine virilité, l'homme le plus fier, le plus railleur parfois au cercle, sur la place publique ou dans l'estaminet, en franchissant le seuil domestique vient livrer son âme à la sainteté de sa mère, à la pureté de sa fille, à la chaste et vive tendresse de son épouse.

Beaucoup se pervertissent au dehors, bien peu restent fidèles aux doctrines anti-chrétiennes dans le cénacle de la famille : et voilà pourquoi les consciences françaises appartiennent à l'Église catholique, apostolique et romaine.

II

Pourtant il en est qui se servent de la Foi comme d'un masque, dit-on, dans les hautes sphères politiques : ils feignent de défendre Rome pour attaquer et embarrasser le prince. Ils se disent soldats de la Religion, ils ne sont que ceux d'un parti.

En vérité, quand l'esprit d'un pays se dessine aussi nettement que celui de la France, un gouvernement décidé à marcher avec lui, loyalement résolu à lui faire produire ses fruits, non-seulement n'aura jamais rien à craindre des partis, mais il les dominera d'une hauteur inaccessible, surtout s'il ajoute au dédain des manœuvres de coteries le respect pour les affections et les regrets.

Les partis !.. On n'a que trop, dans ce temps, usé de ce mot; voyons, en toute franchise, ce qu'il peut vouloir dire quand on se plaît à le faire retentir à propos de la question romaine.

Les révolutions, véritables torrents, emportent dans leurs courants impétueux les institutions, les fortunes, les individus; elles n'emportent pas les races, et voilà pourquoi à la force de destruction résiste une puissance conservatrice qui tient du rocher, la tradition. Grâce à Dieu, elle subsiste au sein de la société française, et de là ces attachements monarchiques, ces dévouements de longue durée que retrempent, au lieu de les atténuer, les épreuves de royales victimes. Faire la guerre à de tels sentiments, en méconnaître et la noblesse et le caractère d'inébranlable stabilité, a été pour des gouvernements disparus, sera dans tous les temps, pour ceux qui en concevraient de nouveau la pensée, une tactique funeste, et s'il se trouvait des hommes qui prétendissent peser sur les consciences, qui voulussent effacer les souvenirs, demander l'abdication des principes et des sentiments; qui attendissent, pour croire à la possibilité de diriger les affaires d'une grande nation avec pleine quiétude, que tous les cœurs aient cessé d'aimer ce que jusqu'alors ils aimèrent, que tous les esprits aient renoncé à des convic-tions profondes, libre à eux de considérer les partis comme très-vivants ; en se plaçant à un tel point de vue, ils les retrouveront toujours.

De plus sages conviendront que les âmes éle-vées savent seules se dévouer et croire, et que, en politique, elles font passer un sentiment avant tous les autres, le PATRIOTISME. S'accorde-t-il, celui-là, avec l'idée des agitations stériles, des oppo-sitions n'ayant d'autre fondement que la haine, des ambitions égoïstes, des fomentations de troubles présentées comme un acheminement vers l'or-dre?.. Voilà les armes de ce que, d'accord avec le langage de l'histoire, on pourrait appeler les fac-tions, voilà ce que réprouve solennellement la re-ligion, l'honneur, l'esprit monarchique et le pa-triotisme, voilà ce que des hommes de foi et d'autorité, des catholiques, en un mot, auront toujours en horreur. A l'heure présente, ils souf-frent, ils gémissent, et c'est eux qu'on accuse ! Ils n'ont cependant qu'un seul désir, voir adopter résolument la politique qui répond au sentiment de la France, et ceci nous amène à formuler tout aussitôt la seconde conséquence que nous entendons tirer de la discussion de l'adresse.

III

A une nation profondément catholique, il faut
une politique entièrement catholique, et le premier soin, dans un tel système, doit être d'assu-
rer au chef vénéré de l'Église, en le défendant
comme souverain temporel, la pleine liberté et
l'entière indépendance nécessaires à l'exercice de
son auguste ministère.

On s'attache très-ardemment à faire ressortir
les difficultés d'une telle mission ; pour nous, sans
rechercher comment elles sont ou nées ou venues
à s'accroître, tâche inutile à cette heure, nous di-
rons simplement que, si l'œuvre de la France est
ardue, jamais pareil motif ne saurait arrêter une
nation généreuse ; qu'eût-elle fait de grand jusqu'ici en le laissant prévaloir dans ses conseils ?

Mener à bien les négociations du concordat au
commencement de ce siècle ; accomplir, en pleine
république française, l'expédition de Rome contre
la république romaine ; s'arrêter après Solférino
dans la campagne d'Italie ; concevoir et réaliser la
paix de Villafranca, était-ce chose facile ? Cependant de puissantes volontés y suffirent, et, pour
un homme *des vieux partis*, on ne nous repro--

chera pas d'emprunter à nos antiques dynasties
des exemples de grands obstacles surmontés et
d'actes mémorables achevés. Les hommes d'État
vraiment illustres se préoccupèrent toujours, non
de la difficulté, mais de la nécessité des solutions
qu'appelait l'intérêt des peuples; comme ils les
cherchèrent généreusement, la Providence vint à
leur aide, et le prix de leurs nobles efforts ce fut
la gloire. Rien de changé, la lice reste ouverte à
qui veut conquérir la même palme : le monde,
tout agité qu'il est, ne demande qu'une volonté se
déclarant nettement pour la justice, et comme
l'Océan, sa plus parfaite image, quand une voix
partie de haut lui dira : « Voici la limite de tes
vagues et de tes tempêtes!... » il n'ira pas plus
loin.

IV

En quoi la justice souffre-t-elle aujourd'hui une
lamentable violence? Hélas! qui ne le sait?

En regagnant le séjour de la gloire, le divin
Rédempteur a voulu laisser ici-bas, jusqu'à la con-
sommation des siècles, un vicaire, chef suprême
de l'Église répandue sur la surface du monde, si-
gne visible de l'autorité par excellence, gardien

de la foi qui éclaire, dispensateur des pardons qui réconcilient. D'un bout de l'univers à l'autre, cet auguste légat du ciel est appelé le Très-Saint-Père, sa famille n'a d'autres limites d'expansion que celles du genre humain lui-même, tous les fils d'Adam sont ou peuvent devenir ses enfants, et s'il en est qui méconnaissent son sacré caractère, deux cents millions du moins, du Nord au Sud, de l'Orient à l'Occident, s'inclinent sous sa douce houlette avec une soumission aussi tendre que respectueuse.

Quelle est donc la famille douée d'une ombre d'éclat et de puissance qui voudrait voir son chef sans demeure assurée ?

N'ayons nulle crainte, la demeure de celui que nous saluons comme père et docteur des âmes a été préparée bien avant la grande immolation du Calvaire. Une ville, la puissante Rome, merveilleusement située pour communiquer avec l'ensemble des terres, fut rendue maîtresse du monde ancien, pour recevoir dans ses murailles le chef visible du monde chrétien. Simon, fils de Jean, le prince des apôtres, vint s'y installer, puis y mourir, et son corps, bien gardé par ce sol prédestiné, forma, selon que l'indiquait le nom donné au disciple par le maître, la pierre angulaire d'un indestructible édifice, dont le sang de tant de généreux pontifes, successeurs du premier, a cimenté, pen-

dant des siècles de persécution, les impérissables
assises.

V

Mais ce n'est pas assez d'une demeure, toute
paternité est reine, toute royauté suppose un domaine. Or, Dieu lui-même a désigné le domaine
du père commun des fidèles lorsqu'il en déter-
mina le siége, et autour de la Rome du vicaire de
Jésus-Christ, les siècles, obéissant aux inspira-
tions de la Providence, ont composé successi-
vement un patrimoine, un État sacré, et nul
n'ignore aujourd'hui les paroles de l'empereur
Napoléon Ier saluant de son hommage l'œuvre des
temps et la proclamant parfaite.

Chose étrange cependant! Il en est qui affir-
ment que Rome est lasse de sa grandeur, ils assu-
rent qu'elle aspire à descendre, et, d'après eux,
reine du monde catholique, elle accepterait de
déchoir en redevenant tout simplement capitale
de la Péninsule italique.

Rome n'a pas ce droit, car le suicide est un
crime : Rome ne s'appartient pas plus à elle-
même que notre vie venue de Dieu n'est une
propriété dont nous puissions disposer : Rome,

tête de la chrétienté parce que son évêque en est
le père, ne saurait répudier valablement sa famille ; Rome ne peut aliéner, au profit d'un peu-
ple et au détriment de tous les autres, la grandeur,
l'éclat, l'autorité, les trésors si multipliés qu'elle
renferme comme les ayant reçus en dépôt de l'U-
nivers ; et si elle méconnaît son devoir, si elle
fait défaut à la catholicité, la grande et noble tâche
de secourir un Père spolié, de faire respecter les
droits de deux cents millions d'âmes, appartient à
la première puissance catholique du monde, à la
France, sans qu'on puisse invoquer, avec la moin-
dre apparence de justice, contre cette fille aînée de
l'Église, le principe aussi fameux aujourd'hui que
malléable de la non-intervention. Sauvegarder ce
qu'on a de plus cher, veiller sur son plus précieux
trésor, c'est agir dans sa propre cause et non
s'immiscer dans celle d'autrui.

VI

Mais, au dire de nos adversaires, *les Romains
veulent posséder ce que possèdent tant d'autres
peuples, ce que nous aimons passionnément nous-
même. Des idées nouvelles ont cours dans le monde,
en ce qui touche à la conduite des nations, et le*

Pape, comme souverain temporel, obstinément les repousse ; les choses humaines se transforment avec le temps, avec les découvertes, avec les efforts de l'esprit et de la science, et le Pape ne veut d'aucun changement ; la civilisation et la liberté sont la gloire de l'humanité, elles forment son plus magnifique apanage, et le Pape n'a, pour l'une et pour l'autre, que de foudroyantes paroles.

Quels paradoxes! bien peu de lignes suffiraient à en faire justice.

Et d'abord, certains Romains, pervertis par les sociétes secrètes, ne savent en réalité ni ce qu'ils veulent, ni ce qu'ils aiment; ils marchent en aveugles vers l'inconnu, n'ont de goût que pour les aventures, et autant nous sommes las des bouleversements et des troubles, autant ils paraissent fatigués d'ordre et de tranquillité.

En second lieu, n'est-il pas en quelque sorte banal de rappeler que le paternel Pie IX, comme souverain temporel, voulut aller lui-même au devant des transformations politiques dont l'Italie paraissait éprise? Qui l'a arrêté, qui l'entrave encore? La Révolution…. La main des hommes jeta l'obstacle sur la route, qu'elle l'enlève, le Pontife-Roi pourra reprendre son œuvre.

Quant à la civilisation, jusqu'aux pierres et à la toile, tout redit à Rome (et avec quelle puissance!) les sollicitudes de la Papauté se plaisant

à en favoriser le développement, à en augmenter
l'éclat. Et comment, avec un peu de bonne foi,
ne pas voir que les paroles de blâme et de répro-
bation du vicaire de Dieu ne s'adressent qu'à la
barbarie affichant les dehors du progrès, et ne
stigmatisent que cette licence effroyable prête à
changer la liberté en oppression, l'indépendance
des âmes en une horrible servitude?

VII

Ce serait par trop se défier des intelligences et
des mémoires que d'insister sur de telles vérités.

Il est vrai que la voix reconnaissante du Pié-
mont s'élève pour réclamer de nous, en souvenir
sans doute du présent assez magnifique de la
Lombardie, l'abandon de la cité des Papes qui lui
devient nécessaire pour faire figure dans le monde.
Depuis mille ans l'Europe attendait le réforma-
teur de Charlemagne : M. de Cavour est né, que
la France se retire.

Ah! nous ne saurions résister au besoin de le
dire, après les mémorables débats parlementaires
rendant les sentiments français plus manifestes
encore, nous, pauvre enfant obscur d'un grand
pays, nous sentons l'ordre du jour adopté par

l'Assemblée où le comte de Cavour parle en maître, nous atteindre en plein cœur. La France, invitée à interrompre une œuvre filiale, par des hommes qui, sans elle, n'auraient connu d'autres succès que ceux de Novare, d'autres triomphes que des défaites ; la France mise au régime des sommations respectueuses par ceux auxquels elle aurait tous les droits possibles de dicter ses propres volontés.... Est-ce un rêve ?.... Puisque les mille voix de la publicité répondent : Non ! il faut bien les croire ; mais nous voulons tenir pour certain que la réponse de la France sera fière comme son caractère, grande comme son cœur, vaillante comme son épée, catholique enfin comme sa foi.

Paris, 29 mars 1861.

Paris — Impr. L. Tinterlin et Cᵉ r. Neuve-des-Bons-Enfants, 3.